Platão
&
A República

Coleção **PASSO-A-PASSO**

CIÊNCIAS SOCIAIS PASSO-A-PASSO
Direção: Celso Castro

FILOSOFIA PASSO-A-PASSO
Direção: Denis L. Rosenfield

PSICANÁLISE PASSO-A-PASSO
Direção: Marco Antonio Coutinho Jorge

Ver lista de títulos no final do volume

Jayme Paviani

Platão & A República

ZAHAR

Capa
Sérgio Campante

CIP-Brasil. Catalogação na fonte
Sindicato Nacional dos Editores de Livros, RJ

P365p Paviani, Jayme, 1940-
Platão & A República / Jayme Paviani. — 1ª ed. — Rio de Janeiro: Zahar, 2003.
(Passo-a-passo; 28)

ISBN 978-85-7110-742-7

1. Platão. 2. Platão. A República. 3. Ciência política. 4. Utopias. I. Título. II. Série.

03-1761 CDD: 184
CDU: 1(38)

EDITORA SCHWARCZ S.A.
Praça Floriano, 19, sala 3001 — Cinelândia
20031-050 — Rio de Janeiro — RJ
Telefone: (21) 3993-7510
www.companhiadasletras.com.br
www.blogdacompanhia.com.br
facebook.com/editorazahar
instagram.com/editorazahar
twitter.com/editorazahar

Esta obra foi composta por TopTextos Edições Gráficas em Minion e Frutiger e impressa em processo sob demanda pela Um Livro sobre papel offset para a Editora Schwarcz a partir de 2024

Sumário

Relevância da *República*

A República, obra-prima que sintetiza o pensamento de Platão, é um dos textos mais importantes da civilização ocidental, especialmente para quem quer compreender a organização social e política atual. Livro polêmico. Para uns, a *República* estabelece as primeiras relações entre ética e política. Para outros, seu pensamento utópico e idealista possui um caráter conservador.

Escrita em forma de diálogo, gênero consagrado por Platão, a obra reflete a situação ético-política do século V a.C. e os pontos centrais da metafísica platônica. Não expõe as questões de forma sistemática. Mas o diálogo tem a vantagem de apresentar as questões de modo vivo e atender melhor às exigências do método dialético. As contradições e as divergências de opinião são conservadas e, ao mesmo tempo, superadas nas sínteses (soluções ou propostas) da conversação.

A *República* investiga a verdadeira definição de justiça, a partir da cidade (*polis*) ou do Estado ideal. A palavra *polis* pode ser traduzida por cidade, cidade-Estado, sociedade, ou simplesmente por Estado, não obstante a diferença de significado entre a *polis* platônica e o Estado moderno.

Em outros diálogos, como no *Político*, Platão mostra que os Estados existentes, conhecidos por ele, tendem à decadência. Igualmente nas *Leis*, seu último e mais extenso diálogo, um pouco mais realista, prega a necessidade de modificar as Constituições imperfeitas das cidades de sua época.

O pensamento filosófico de Platão trabalha com os princípios da unidade e da multiplicidade, isto é, de um lado, com o mundo perfeito e inteligível das idéias ou formas imutáveis e objetivas da verdade como modelo — tanto das condutas dos indivíduos e da sociedade como da formação dos dirigentes políticos — e, de outro, com o mundo da realidade decadente e imperfeita dos Estados, dos governos, dos indivíduos conduzidos por ambições pessoais, da forma como se ofereciam à sua percepção na Grécia antiga.

A vocação política de Platão

Platão nasceu em Atenas, em 428 ou 427 a.C., no início da guerra do Peloponeso, entre Atenas e Esparta, quando Péricles acabava de morrer. A cidade estava devastada por uma epidemia de peste. Foi discípulo de Sócrates e mestre de Aristóteles. Em seus 80 anos de vida, experimentou períodos de crises sociais e políticas. Desde jovem, mostrou vontade de se dedicar à política, por influência do ambiente familiar. O pai Aríston, amigo de Péricles, descendia, segundo alguns, do último rei de Atenas, Codro. A mãe, Perictione, orgulhava-se de pertencer à descendência de Sólon, o primeiro grande legislador de Atenas. Além disso, ele era primo de Crítias, um dos Trinta Tiranos, e irmão de Carmides, um dos dez comissários estabelecidos no Pireu pelos oligarcas. Seus dois irmãos, Glauco e Adimanto, aparecem como personagens na *República*.

Platão recebeu uma educação própria de seu nível social. Exercitou a ginástica para o corpo, a música e a poesia para a alma. Ele relata nas *Leis* a importância da educação religiosa, dos bons exemplos e da tradição para consolidar a fé e permitir que cada juízo sobre os deuses e a imortalidade da alma seja feito com maturidade e ponderação. Desde cedo, junto com a vontade de seguir a carreira política, Platão desenvolveu um espírito místico que não pode ser desprezado quando se quer entender a fundação do Estado perfeito a partir de uma educação moral adequada.

O primeiro professor de Platão foi Crátilo, um discípulo radical de Heráclito, segundo narra Aristóteles. Também leu, além dos grandes poetas, como Homero, os cientistas ou filósofos que o antecederam, entre eles Parmênides, Pitágoras, Empédocles, Demócrito e especialmente os sofistas. Entretanto, o grande acontecimento da vida de Platão foi, sem dúvida, o encontro com Sócrates, com quem conviveu por aproximadamente vinte anos. A condenação injusta de Sócrates à morte é um drama que aparece em diversos momentos nos seus 25 diálogos. Para Platão, a condenação política de Sócrates é uma condenação da filosofia. Talvez por isso considere que filosofia e política são indissociáveis.

Platão, em uma das suas cartas, a chamada *Carta sétima*, descreve a situação de Atenas:

> O regime político existente era abominado por muitas pessoas; ocorreu uma revolução. Tomaram a frente desta 51 cidadãos e foram estabelecidos como chefes: 11 na cidade, 10 no Pireu (esses dois grupos foram encarregados da ágora e de tudo o que se referia à administração das cidades) — mas 30 constituíram a autoridade superior e gozavam de um poder absoluto. Vários deles eram meus parentes ou conhecidos; apelaram a mim como se eu fosse feito para esses casos. Como eu era muito jovem, achei isso muito natural. Acreditava ingenuamente que eles administrariam a cidade de tal modo que, arrancando o Estado a uma existência injusta, o conduziriam para o caminho de justiça; e observava ansiosamente o que iriam fazer. Ora, vi esses homens fazerem com que a ordem antiga parecesse uma idade de ouro. Entre outras coisas, quiseram que o meu caro e velho amigo Sócrates, que não temo proclamar como o homem mais justo de seu tempo, se juntasse a alguns outros, encarregados de procurar um cidadão e levá-lo à força para ser executado, com a finalidade evidente de fazer de Sócrates, quisesse ele ou não, cúmplice das suas ações. Mas Sócrates recusou-se a obedecer e preferiu correr os piores perigos a associar-se aos seus crimes.

Essa passagem destaca o convívio de Platão com Sócrates. Os Trinta Tiranos tentaram envolver Sócrates na prisão de Leão de Salamina, amigo dos democratas exilados, mas não tiveram tempo de condená-lo por recusar essa missão injusta, pois foram derrubados pelos democratas. Trasíbulo e outros tomaram o poder e restabeleceram a democracia.

No período da democracia, ironia das ironias, Sócrates foi condenado à morte por ter feito uso livre da palavra. Algumas pessoas influentes, como Meletos, poeta insignificante, Lícon, orador, e Ânitos, rico industrial, levaram Sócrates aos tribunais com acusações odiosas e infundadas: era acusado de corromper os jovens, de não acreditar nas divindades da cidade.

Platão, desejoso de participar da administração da cidade, percebeu a dificuldade de lidar com os negócios públicos. Era impossível encontrar colaboradores de confiança para essa tarefa. As cidades-Estado eram mal governadas. A legislação, injusta. Para ele, as mudanças positivas seriam possíveis com a verdadeira filosofia, que permite realizar a justiça política e individual. Os males do gênero humano desapareceriam quando o poder fosse entregue à raça dos autênticos filósofos.

A *Carta sétima* narra suas três viagens à Sicília. A primeira ocorreu em 388 a.C., a segunda, em 367 a.C., e a terceira, em 361 a.C. Não foram viagens tranqüilas nem bem-sucedidas, e tampouco foram as únicas realizadas por Platão. Na época, ir ao Egito era comum e fácil. Platão teria pagado sua primeira viagem ao Egito com um carregamento de óleo de seus olivais. Também consta que esteve em Cirene, onde encontrou Teodoro, famoso matemático, amigo de Sócrates e de Protágoras, um dos interlocutores no *Teeteto*. Antes de ir à corte de Dionísio, Platão encontrou, no sul da Itália, Arquitas, que era uma espécie de modelo do rei-filósofo, estadista e sábio. Nessas andanças, teria mantido contatos com a tradição órfica e pitagórica e recolhido documentos da tradição esotérica, úteis para a redação do diálogo *Timeu*.

Na sua primeira viagem, em 388 a.C., tinha aproximadamente 40 anos de idade. Convidado por Dionísio I, o velho, conhecido em Atenas por seu poder absoluto, Platão encontrou uma corte dissoluta, que vivia de modo luxuoso e frívolo. O único contato positivo de Platão foi com Díon, cunhado de Dionísio, jovem inteligente e com gosto pela filosofia. O clima de intrigas e a impossibilidade de Dionísio I ouvir as recomendações do filósofo sem dúvida contribuíram para que Platão se visse forçado a retornar a Atenas. Parece que acabou sendo vendido como escravo e, posteriormente, libertado por Aniqueris, que ele havia conhecido em Cirene.

Antes de sua segunda viagem à Sicília, Platão fundou a Academia, perto de Colono, ao nordeste de Atenas, junto ao bosque sagrado de oliveiras em homenagem ao herói Academos. Nessa propriedade construiu prédios e jardins, enfim, uma verdadeira instituição de ensino com professores como seu sobrinho Espêusito, Xenócrates, Heráclides Pôntico (mestres de filosofia), Teeteto (matemático), Eudóxio de Cnido (matemático e astrônomo) e Aristóteles (professor de retórica).

Platão havia concluído a redação da *República* quando Dionísio II, com a morte de seu pai, o sucedeu. Díon chamou novamente Platão, porém novas intrigas palacianas o fizeram refém numa fortaleza, tendo sido depois obrigado a retornar a Atenas.

Entre a segunda e a terceira viagem, redige os diálogos *Teeteto*, *Parmênides*, *Sofista*, *Político* e talvez o *Filebo*.

Com a idade de 67 anos, pela terceira vez, acompanhado de alguns discípulos, retorna à Sicília. Ali defende as posições de Díon e termina perdendo o apoio de Dionísio II. Graças à intervenção de Arquitas de Tarento, volta a Atenas.

Essas experiências estão refletidas em seu diálogo da velhice, *As leis*, onde defende que os governos sejam sempre o mais próximo possível do melhor.

Numa famosa passagem da *Carta sétima* declara que seus escritos filosóficos não podem ser reduzidos, nem pelos governantes nem por outros, a fórmulas ou simples citações. Também afirma, no *Fedro*, que as verdades supremas só podem ser comunicadas de modo oral. O texto escrito não expressa com fidelidade os verdadeiros conteúdos filosóficos, a verdade encontrando-se na alma, que brilha "como a luz nascida de uma faísca instantânea para depois crescer sozinha".

Na *República*, como no *Górgias* e no *Protágoras*, Platão critica a democracia de sua época, especialmente a corrupção e a incompetência, o número excessivo de leis, a retórica vazia e a falta de critérios nas assembléias. Reconhece que é difícil modificar o comportamento dos tiranos. E, finalmente, propõe um novo modelo de governo, não com o objetivo de entregá-lo aos filósofos, mas àqueles que, escolhidos para governar, tenham as qualidades de um filósofo.

Quem é Sócrates?

Sócrates, figura enigmática, possui o perfil de um homem moral, tendo sido eleito pela tradição como exemplo de moralidade. Nietzsche, por sua vez, o responsabiliza pela moral da submissão cristã e ocidental. Platão o vê, no *Górgias,* como um perfeito tribuno popular. Mas o que sabemos da vida dele é o que nos dizem os escritos de Aristófanes, Platão, Xenofonte e Aristóteles, pois Sócrates nada escreveu.

Homem de autocontrole, cidadão exemplar, não militou na política nem exerceu cargos administrativos. Entretanto, para Platão, por não ter nunca a intenção de agradar a ninguém, era o único que exercia a verdadeira arte política. Seu único objetivo era o bem comum. Denunciou sempre a decadência dos costumes sociais, políticos e religiosos. Sua posição intelectual era contrária à opinião corrente.

Nas páginas finais do *Fédon*, Platão narra o último e comovente encontro de Sócrates com seus discípulos, em 339 a.C., antes de ser obrigado a tomar cicuta. No *Críton* e na *Apologia de Sócrates*, expõe os acontecimentos e as razões de sua condenação pela assembléia da democracia.

O cerne da conduta paradoxal de Sócrates está na obediência à lei, mesmo numa situação dramática como a sua. Para ele, quem age segundo a lei, no sentido que os gregos lhe atribuíam, é justo. E quem a desobedece é injusto.

Platão devolve a palavra a Sócrates em seus escritos, tornando-o personagem central da maioria de seus diálogos. O leitor, ainda hoje, pode experimentar a força, às vezes dramática, das idéias que conduzem a conversação, idéias que nem sempre sabemos se pertencem ao Sócrates histórico ou ao Sócrates personagem, representante do pensamento platônico.

Contextos da *República*

A *República* apresenta zonas de silêncio que adquirem voz conforme as expectativas de cada época. Compreender a fala e o silêncio constitui a dialética entre o filosofar e a filosofia. O texto revela e esconde ao mesmo tempo.

Por outro lado, as questões filosóficas e científicas não surgem do nada. Para estudar a filosofia política de Platão e dos gregos em geral, é útil uma visão do contexto histórico. Pode-se começar com Homero, mestre e educador dos gregos. Poemas, como a *Ilíada* e a *Odisséia*, compostos provavelmente no século VIII a.C., retratam uma visão épica grega de um longo período marcado pela tradição oral, num tempo anterior à constituição das cidades-Estado gregas analisadas por Platão e Aristóteles. Além disso o poder dos reis, o funcionamento das assembléias, a administração da justiça, a organização da família e da propriedade e as funções dos guerreiros, em tempo de paz ou de guerra, são temas que fornecem notícias sobre a vida política, embora não sejam ainda conceitos de uma teoria política.

No século V a.C., Péricles, o fundador da democracia, afirmava em sua "Oração fúnebre", numa cerimônia em homenagem aos mortos no primeiro ano da guerra do Peloponeso, que a cidade deve ser administrada no interesse de todos. Definia o povo (*demos*) como o conjunto de todos aqueles que gozam direitos políticos, legalmente determinados pela assembléia, e o poder (*kratos*) como o governo exercido de modo pleno e legítimo. Péricles propõe um Estado-modelo. Os escritos de Tucídides valorizam igualmente a liberdade e a igualdade. Mas essa imagem positiva da democracia de Atenas também atrai seus primeiros críticos.

A *República*, nesse contexto, é a primeira utopia da história ocidental, embora não tenha as características da *Utopia* de Thomas Morus e das utopias modernas. É também um tratado de reforma educativa, de teoria estética e de psicologia social, de problemas metafísicos e éticos, em que se destaca o papel da dialética em relação às funções da alma e à teoria das idéias ou formas.

O objetivo central da *República*, segundo uns, é o conceito de justiça e, segundo outros (incluindo Aristóteles), o conceito de cidade ideal. Podemos acrescentar ainda um terceiro objetivo: o projeto de uma reforma educacional.

A leitura da *República* exige uma atenção especial ao problema do método. A dialética é apontada como método e como o momento mais alto da filosofia nos Livros VI e VII. Apesar de Platão declarar que a política é uma arte (*techne*) e um conhecimento (*episteme*) especial, não distingue, como Aristóteles, os domínios do teórico e do prático.

A moldura narrativa insere os enunciados em forma de discurso direto. Os personagens e as teses guardam coerência. Platão é um escritor que sabe lidar com as palavras, com os recursos de estilo. Os personagens assumem comportamentos teatrais: a sabedoria ingênua de Céfalo, a arrogância de Trasímaco, a ambição e o humor de Glauco. As idéias são encenadas. O próprio Sócrates evolui, em sua conduta dialética, dos primeiros para os últimos livros. Aos poucos, a dialética real passa a ser normativa.

A "sociedade do diálogo" vive a argumentação dialética, diferente da argumentação retórica, não fechada numa linguagem formal. O processo vivo do diálogo busca a verdade, o belo, o justo, isto é, a superação das contradições, independente da posição explícita do autor.

A *República* começa com as seguintes palavras de Sócrates: "Descia eu ontem para o Pireu, com Glauco, filho de Aristo, a fim de invocar a deusa; aproveitando o ensejo, tencionava observar como corria o festival, dado que era a primeira vez que o realizavam." A cena ocorre na rica casa do meteco Céfalo, junto ao Pireu, porto de Atenas. De acordo com Mario Vegetti, trata-se de um lugar geográfica e socialmente contíguo, mas externo à cidade ateniense, sendo conseqüentemente um ponto de observação crítico. O diálogo se dá na noite em que se celebra a festa da deusa lua Bendis, dos trácios, e dos deuses que protegem as cidades. A incursão, portanto, de Sócrates ao Pireu pode ser considerada como uma descida (*katabasis*) ao mundo infernal, que a tradição atribui a sábios como Pitágoras e Parmênides. Pode ser interpretada também como momento iniciático de Sócrates para a aquisição da sabedoria no confronto dialético com representantes da opinião comum, caso do sofista Trasímaco, cujo nome significa "violento combatente".

O diálogo ocorre em 422 a.C., durante a paz de Nícias. Nessa época, Platão tinha cinco anos de idade. Isso significa que a *República* foi escrita 50 anos após o evento imaginado, o que acentua o caráter ficcional do texto e, como em outros diálogos, a defesa que Platão faz de Sócrates. É necessário, por exemplo, assinalar que Polemarco e Nicérato, também participantes do diálogo, haviam sido executados pelos Trinta Tiranos.

Os personagens presentes na casa de Céfalo e no diálogo são representantes da sociedade de Atenas no fim do século V a.C. São jovens aristocratas, ricos, intelectuais e artesãos de origem estrangeira (metecos).

O debate tem início entre Sócrates e Trasímaco da Calcedônia, que defende teses de radical realismo político, semelhantes às de Tucídides, ou teses de extremistas, como as de Cálicles no *Górgias*. Clitofonte, que participou do golpe de estado oligárquico de 411 a.C., é um outro personagem que apóia Trasímaco.

Trasímaco e Clitofonte defendem a democracia, na linha de Péricles e representada pela família de Céfalo. Lísia está presente, mas não participa das intervenções. No decurso do diálogo, Polemarco torna-se aliado de Sócrates.

A aristocracia ateniense é representada pelos irmãos de Platão, Glauco e Adimanto, o primeiro inteligente e capaz de elucidar os argumentos socráticos, o segundo preocupado com as questões éticas e religiosas.

O diálogo procura convencer os irmãos e, através deles, a classe social a que pertencem de que a cidade justa, e não a tirânica, é o lugar adequado para a realização plena e feliz das potencialidades intelectuais e morais. A esse mesmo grupo pertence outro personagem mudo, Nicérato, filho de Nícias e vítima dos Trinta Tiranos.

Estrutura da *República*

A República está dividida em dez livros. O Livro I, segundo alguns estudiosos escrito antes da fundação da Academia, gira em torno da pergunta "O que é a justiça?".

Nos Livros II e III, continua o debate sobre as definições de justiça, com Sócrates descrevendo a formação do Estado e a desagregação das primeiras formas de sociedade, essencialmente fundadas nas relações econômicas, onde reina a injustiça. A questão da justiça é examinada em relação à educação do grupo político-militar dirigente.

O Livro IV delineia a estrutura do Estado (*polis*). Platão estabelece uma relação estreita entre o cidadão e a cidade. Um reflete o outro. Ele examina a correspondência entre as funções da alma e os papéis sociais. A sociedade compreende três classes com funções próprias: uma classe dirigente, de governantes ou políticos, outra, de militares ou guardiães, e ainda uma produtiva, isto é, de agricultores, artesãos e comerciantes. Platão, com esse sistema, separa riqueza de poder político. Os membros do governo não podem possuir patrimônio privado, sendo sustentados pela terceira classe que, por sua vez, dispõe dos serviços político-militares. À classe do governo corresponde a virtude ou qualidade da sabedoria; aos guardiães ou militares, a coragem; e aos produtores, a moderação ou temperança. A justiça é harmoniosamente distribuída a todos. Essa organização social tem base na estrutura da alma individual, dividida em três partes ou funções motivacionais: a racional ou calculadora, típica da conduta dos que governam; a desejante ou concupiscente (*epithymia*), própria do trabalhador ou artesão; e a intermediária entre essas duas (o *thymos*), que se emociona, que se indigna contra a injustiça, própria dos soldados, e que é difícil de caracterizar. Alma justa, portanto, é aquela na qual as funções de comando e de obediência estão adequadamente distribuídas.

O Livro IV aprofunda a busca por uma resposta à pergunta "O que é a justiça?", que só será respondida nos Livros VIII e IX.

Nos Livros V, VI e VII, Platão descreve as formas de vida da classe dirigente e a natureza do governo, abrindo um grande parêntese de caráter filosófico. Há uma paridade de papéis entre homens e mulheres na classe dos guardiães. As conseqüências são a abolição da família, do patrimônio privado, e a criação comunitária dos filhos. O governo da cidade deve ser confiado ao rei-filósofo, cujas condições intelectuais e morais dependem do exercício da dialética que conduz à intuição das essências e do bem, como ideal supremo. Em outros termos, a política passa a ter uma fundamentação ético-ontológica e epistemológica. Platão ilustra suas concepções com as metáforas do sol e da linha dividida, e com a alegoria da caverna. A questão da educação dos governantes, discutida nos Livros II e III, é retomada e aprofundada.

Nos Livros VIII e IX, Platão ilustra a decadência de diversos tipos de Constituições e analisa a melhor forma de governo entre a timocracia, a oligarquia, a democracia e a tirania. As relações entre a justiça e a felicidade individual e coletiva constituem o pano de fundo dessas reflexões.

O Livro X da República critica a ineficácia educativa da poesia de Homero e das formas artísticas tradicionais, discutidas nos Livros II e III. E conclui com um dos grandes mitos sobre o destino da alma, sobre a felicidade e a infelicidade, a justiça e a injustiça, os prêmios e os castigos no além.

O projeto político de Platão pressupõe um sistema de educação fundado numa teoria da alma (antropologia) e numa concepção especial da natureza da filosofia e do papel do filósofo. À acusação de Karl Popper de que Platão defende o totalitarismo, é necessário responder que a *República*, examinada no seu contexto histórico, permite diversas leituras e interpretações. Entretanto, a visão psicossocial e a necessidade da educação pública são contribuições relevantes do platonismo.

As definições de Justiça

Resumo do Livro I (327a-354c)

Com a chegada de Sócrates na casa do ancião Céfalo — acompanhado de Polemarco, filho do anfitrião, Glauco, Adimanto e Nicérato —, onde já se encontram Lísias e Eutidemo, além de outros hóspedes, como Trasímaco, Carmântidas e Clitofonte, o diálogo começa naturalmente, examinando a velhice e a riqueza em relação a uma vida feliz e uma moral correta. A riqueza por si mesma apesar de útil não torna o homem mais feliz. A conversa aos poucos desloca-se para o verdadeiro argumento: fazer o que é justo é dizer a verdade e restituir o que se recebeu. Céfalo, diante do nível elevado do debate, evita-o, retirando-se para preparar um sacrifício aos deuses. Então Polemarco apresenta algumas definições de justiça e de vida justa.

Primeira definição: fazer o que é justo significa dar a cada um o que lhe é devido. Sócrates questiona essa definição; Polemarco faz outra tentativa.

Segunda definição: dar a cada um o que lhe é apropriado. Mas como não é adequado dar ao amigo algo que o prejudique, Polemarco reformula novamente a definição.

Terceira definição: a justiça consiste em beneficiar os amigos e prejudicar os inimigos. Sócrates mostra que tal definição é inútil. Polemarco insiste: a justiça consiste em beneficiar os amigos realmente bons e prejudicar os inimigos que sejam homens maus. Para Sócrates, essa nova formulação é adequada ao homem justo, mas transforma os homens injustos em mais injustos — como médicos que tornam os doentes mais doentes. Para Sócrates jamais é justo prejudicar ou fazer mal a alguém.

Polemarco parece estar aceitando a argumentação de Sócrates, quando Trasímaco interrompe o diálogo, que, a seu ver, é um "falatório inútil". Exigindo clareza de Sócrates, quer saber se a justiça é dever, utilidade, vantagem ou conveniência. Sócrates, com calma e paciência, responde que não sabe. Após alguma relutância, Trasímaco concorda em apresentar sua definição: a justiça é simplesmente o interesse do mais forte. O governante poderoso estabelece suas próprias leis. O justo, para os governados, consiste em obedecer a essas leis. Sócrates argumenta que os governantes podem cometer erros, ao propor leis que não atendam aos interesses da população. Mas Trasímaco pondera que o governante não pode cometer erros, pois não se chama de matemático alguém que erra um cálculo. Sócrates então alega que a função do governante não é servir a seus interesses, mas sim aos do povo, pois a função do médico é curar os pacientes e não preocupar-se consigo mesmo. O médico é remunerado não como médico, mas como alguém que ajuda os mais fracos. O objetivo do governante é governar, zelar pelo bem comum.

Trasímaco defende a idéia de que a justiça é uma virtude apenas para os covardes e os ingênuos. As pessoas que levam vida justa, em geral, são ignorantes. Para os homens fortes e inteligentes, a injustiça é mais vantajosa. Por exemplo, nos negócios e no comércio, o homem injusto é mais bem-sucedido. O injusto não paga impostos, apropria-se dos recursos públicos. Desse modo, leva uma vida mais feliz que o homem justo. Em suma, a vida do tirano é melhor que a vida do homem justo.

Sócrates ataca os argumentos de Trasímaco em três aspectos:

1) um médico ou um músico sabe mais seu ofício que os outros. Só quem pouco sabe da arte de tocar flauta procura ser melhor que um verdadeiro flautista. O injusto também quer superar seu semelhante. O justo não quer suplantar ninguém.

2) mesmo entre assassinos e ladrões deve existir uma certa justiça em suas relações, para que uns possam confiar nos outros. Em vista disso, não é possível afirmar que a injustiça é uma fonte de força.

3) cada instrumento tem função própria. A da faca é cortar. A do homem é viver. Como a injustiça é fonte de discórdia, cabe à justiça ser virtuosa. Logo, o homem injusto não pode viver bem, viver feliz.

Comentários

- Platão adota o procedimento da busca de uma definição de justiça. Para isso, examina o que a justiça não é, tirando proveito das conclusões negativas.
- A argumentação, estrategicamente, usa comparações. O governante é comparado ao médico, ao músico e a outros profissionais.
- O tema central da justiça está conectado ao problema da vida feliz e da função do governante.
- Os argumentos de Sócrates contra a posição de Trasímaco ainda não são satisfatórios. O objetivo de Pla-

tão, nessa altura da exposição, não é tirar conclusões definitivas, mas apenas introduzir os diversos aspectos que envolvem o problema da justiça. A definição de justiça será investigada com maior precisão no Livro IV, e a caracterização do homem justo e do injusto nos Livros VIII e IX.

O homem justo e injusto e o Estado

Resumo do Livro II (357a-383c)

No início do Livro II Trasímaco retira-se. Glauco e Adimanto estão insatisfeitos com os argumentos de Sócrates, e o primeiro o desafia a persuadi-lo de que é melhor ser justo do que injusto. Sócrates explica que a justiça é boa no sentido em que falamos de saúde ou conhecimento bons; boa pelos efeitos que causa na alma, não pelas recompensas materiais. Glauco retruca que a maior parte das pessoas não concordaria com isso, pois diriam que a justiça é boa como é bom um trabalho árduo ou o tratamento de uma doença. Para a maioria das pessoas, a justiça é desagradável em si mesma, embora valiosa quanto às conseqüências.

Glauco propõe-se a defender a concepção popular de justiça, reformulando os argumentos de Trasímaco:

a) Sobre a origem e a natureza da justiça: em tempos passados não havia nem justiça nem lei. Cada um fazia o que desejava. Mas isso causava mais sofrimento do que felicidade, pois ninguém podia fazer o que queria sem sofrer as conseqüências. Daí surgiu a necessidade do acordo sobre a obrigação de não se prejudicar ninguém para também não se ser prejudicado. Desse acordo nascem as primeiras leis, e justo passa a ser aquilo que é conforme as leis e injusto o que é contrário às leis.

b) Sobre a necessidade da justiça: a justiça é praticada contra a vontade, para evitar o castigo. Para ilustrar esse argumento são imaginados dois homens, um justo e outro injusto, ambos com poder total de agir e cada qual com um anel mágico que, uma vez girado no dedo, os tornaria invisíveis. Ambos poderiam, por exemplo, cometer assaltos sem serem vistos. O homem injusto cometeria ações injustas, mas o homem bom não teria razões para não o fazer também. Em síntese, isso demonstra que as pessoas são justas porque é necessário.

c) Sobre a vida melhor do injusto que a do justo: não há diferença entre o homem perfeitamente justo e o injusto. Aparentemente este último não é apenas extremamente mau, mas também esconde muito bem o fato de ser um homem injusto. Ele pode conservar uma boa reputação. O homem justo, moderado, de bom caráter, apesar de não agir de modo injusto, muitas vezes é responsabilizado pelos piores atos. Nessas circunstâncias, é impossível imaginar que o homem justo seja mais feliz que o injusto.

Adimanto surpreende Sócrates afirmando que a questão precisa ser mais bem discutida e enumerando outros aspectos esquecidos por Glauco. As pessoas não apreciam a justiça pela justiça, mas pela boa reputação que dela decorre. Chama atenção para o que as pessoas dizem de fato quando elogiam a justiça e condenam a injustiça e recorda também o que os pais dizem aos filhos sobre isso. Insiste na idéia de que é melhor levar uma vida viciosa que uma vida virtuosa, desde que se mantenha uma boa reputação. Cabe a Sócrates, contra a opinião e a posição de Trasímaco, demonstrar que a justiça é uma coisa boa e a injustiça, algo realmente ruim, independente de recompensas, castigos ou reputação.

Sócrates, para responder às objeções de Glauco e de Adimanto, usa uma linguagem metafórica. Alguém que enxerga pouco, diante de duas inscrições, uma com letras pequenas e outra com letras grandes, lerá melhor a segunda. Com isso Sócrates afirma que seus interlocutores não enxergam bem, pois estão à procura da justiça nas condutas do homem individual, quando a justiça é uma propriedade das comunidades. Em outras palavras, quando soubermos o que é a justiça num Estado ou cidade, saberemos o que é um homem justo. Assim, para entender a justiça é preciso investigar a gênese do Estado.

Segundo Sócrates, o Estado surge porque nenhum de nós é auto-suficiente como indivíduo. Sem cooperação não há comida, habitação, vestuário para todos. Se cada um construir sua casa, cultivar seus alimentos, produzir suas roupas e defender seus bens isoladamente, tudo se tornará difícil e, às vezes, será impossível viver bem. É mais adequado distribuir as tarefas. As pessoas possuem aptidões ou competências diferentes. Na comunidade, se cada um assume suas tarefas naturais, alcançam-se melhores resultados. São necessários agricultores, pedreiros, ferreiros, tecelões, sapateiros, negociantes etc. para que a cidade ou o Estado seja desenvolvido e todos possam levar uma vida feliz.

Glauco interrompe Sócrates com uma forte objeção: a sociedade que ele descreve é adequada para os porcos, não para os homens. Ela só se concentra nas necessidades materiais, e a verdadeira sociedade requer certos confortos, luxos e diversões. Sócrates, então, insiste em que o Estado precisa também de artistas, poetas, pintores, músicos, médicos e guardiães do território. E, visto que estes últimos têm uma tarefa especial, deverão ser selecionados e treinados, mas principalmente deverão amar o conhecimento para saber agir.

Sócrates insiste na necessidade de uma educação cuidadosa. Antes de tudo é preciso educar as almas, os caracteres, para provocar uma formação moral nas crianças. Daí ser preciso distinguir a boa da má literatura. As histórias a respeito dos deuses e dos heróis nem sempre são adequadas. Os deuses de Homero, por exemplo, cometem assassinatos e atos imorais. Os futuros guardiães, por sua vez, nunca deverão ouvir narrativas que os façam temer a morte. O que importa nas histórias é o efeito moral.

Comentários

- A argumentação de Platão articula a vida do homem justo ou injusto com a vida feliz ou infeliz em sociedade e a partir da própia insuficiência do indivíduo. Só no Livro IX ele demonstra com mais razões a infelicidade da vida do homem injusto.
- Platão procura a virtude da justiça no Estado, não nos indivíduos. No Livro II, a justiça começa a ser interligada com o projeto do Estado ideal. A *República* projeta

um Estado perfeito, sem discórdia. Alguns críticos afirmam que Platão, nessas páginas, despreza a autonomia individual ou a liberdade. Mas é preciso considerar o contexto histórico. O mesmo vale para a distribuição das tarefas ou a hierarquização das classes sociais. A classe dos guardiães, verdadeiros líderes do Estado e de sua segurança, precisa de uma formação especial.

A arte, a educação, o Estado e os guardiães

Resumo do Livro III (386a-417b)

Depois de recomendar a leitura de narrativas moralmente edificantes para a formação das crianças e dos jovens, Sócrates comenta os gêneros dessas histórias. As narrativas relatam apenas o que acontece. As dramáticas inventam personagens. O perigo delas está em apresentar às vezes personagens más. É prejudicial à educação dos guardiães fingir ser uma personagem má ou observar outros que fingem ser maus. Mas, como cada um tem apenas um papel na vida, deve-se evitar a literatura na qual os atores vivem representando diferentes papéis.

A música pode provocar nos ouvintes diferentes efeitos emocionais, como o lamento (da música lídia) e o efeito relaxante (da música jônica), usado em canções báquicas. Os gêneros que não produzem efeito moralmente bom devem ser abandonados.

Igualmente relevante é a ginástica. Toda pessoa de bom caráter sabe usar bem seu corpo. A ginástica é importante para o treinamento militar dos jovens. Também faz parte da educação física ingerir alimentos simples e saudáveis e cuidar da moderação na bebida.

Apresentado o programa educacional, Sócrates divide os guardiães em dois grupos: aqueles que governarão o Estado; aqueles que auxiliarão os governantes na defesa do Estado.

Apenas os melhores serão governantes. Estes devem ser homens mais velhos, com experiência, sabedoria, amadurecidos emocional e intelectualmente, competentes na ação e interessados no bem-estar coletivo. Os governantes não poderão cometer subornos, corrupção e outros malefícios, por isso, desde jovens, deverão ser submetidos a provas e ser capazes de resistir a toda espécie de corrupção.

O Estado é constituído por três classes de cidadãos: os governantes, os guardiães auxiliares e os artesãos. A classe mais numerosa é a dos artesãos, formada por médicos, agricultores, pedreiros e outras profissões necessárias ao bem-estar de todos. O equilíbrio entre as classes caracteriza a unidade e a harmonia do Estado. Para reduzir a luta interna, nenhuma classe deve se intrometer nas tarefas de outra.

Para Glauco, isso significa acreditar num mito. De acordo com o mito dos metais, todos os cidadãos são irmãos e feitos pelos deuses do mesmo material. O ouro corre nas veias dos cidadãos governantes, a prata nas veias dos guardiães auxiliares, e o ferro e o bronze no sangue dos artesãos. Habitualmente, de pais áureos nascem filhos áureos e de argênteos, outros argênteos e assim por diante. Todavia, às vezes, de pais áureos podem nascer filhos argênteos, mas quando isso acontecer o filho deve ser retirado dos seus pais e colocado em sua verdadeira classe, à que realmente se destina. O problema, portanto, está na educação dos guardiães.

Comentários

- Para Platão, a educação consiste na formação do caráter, residindo na fundação do Estado ideal, em que os guardiães não possuem nenhuma riqueza material nem mesmo poder político e vida privada.
- A diferença de classe está muito mais na função que nos privilégios. Os governantes e os guardiães têm a função de governar e defender o Estado. Aos artesãos basta exercer com competência suas profissões. Cada indivíduo com sua tarefa. O mito dos metais aponta para a possibilidade de mudança de classe. O filho de um artesão poderá, se tiver as habilidades e competências adequadas, se tornar um governante. O contrário também é possível.
- As vantagens e desvantagens de uma classe em relação a outra se compensam mutuamente. Os homens foram criados para desempenharem apenas sua função. Uma vida moralmente correta permite que isso aconteça.

As virtudes da alma e do Estado

Resumo do Livro IV (419a-445e)

Sócrates admite que a vida dos guardiães, como foi apresentada, não é tão esplêndida, apesar de a felicidade não depender de coisas externas nem de riquezas materiais. O objetivo da fundação do Estado não é tornar os governantes, mas sim os indivíduos, felizes na sociedade. Só uma comunidade bem governada é feliz e justa.

Quanto aos artesãos, Sócrates afirma ser necessário evitar tanto a riqueza extrema como a pobreza extrema. Um carpinteiro muito rico pode ficar negligente, um muito pobre pode tornar-se revoltado.

O Estado ideal não precisa de muitas leis, pois os cidadãos bem formados tendem a viver de modo disciplinado e racional. As leis, num Estado bem governado, podem ser reduzidas ao essencial.

O Estado perfeito possui quatro grandes virtudes: sabedoria, coragem, temperança e justiça. A sabedoria manifesta-se na classe dos dirigentes ou governantes, que precisam ser sábios para deliberar o que é justo e injusto, bom e mau, para a comunidade. Assim, a sabedoria é uma virtude do Estado que se manifesta nos seus governantes.

O Estado corajoso expressa-se na classe dos guardiães, que devem manter a ordem da cidade. A coragem é a força que consiste em preservar, em todas as circunstâncias, a legítima e verdadeira opinião.

A temperança ou domínio sobre os prazeres e os desejos é a virtude do Estado que provém dos artesãos. Todavia, Sócrates parece indicar que a moderação ou temperança é a virtude também do bom relacionamento das classes entre si. A classe inferior deve estar disposta a ser governada pelos mais sábios e defendida pelos mais corajosos. Assim, a temperança do Estado é uma forma de harmonia natural, de concórdia entre as diferentes virtudes guiadas pela razão.

A justiça, mais importante virtude do estado, está na raiz das outras. Ninguém pode ser sábio, corajoso e moderado sem ser justo. Sócrates procura demonstrar como é possível pôr em prática a justiça que torna o Estado sábio, corajoso e equilibrado. Parece encontrá-la nas funções ou competências de cada cidadão. O argumento básico é o bom desempenho da missão de cada um. A mistura e a confusão entre as classes causariam uma seqüência de injustiças.

Caracterizado o Estado justo, pode-se mostrar o que é um homem justo. Sócrates demonstra a origem e a natureza do homem justo evocando as partes ou funções da alma. A partir das idéias de movimento e de repouso. Ora, isso acontece com freqüência nas relações entre a alma e o corpo. Todos já observaram que às vezes se deseja, ao mesmo tempo, fazer e não fazer alguma coisa. Pode-se desejar beber e, ao mesmo tempo, não o desejar. Um lado da alma nos aponta para uma direção e outro lado para outra: trata-se do conflito entre o desejo e a razão.

As partes da alma — a racional, a emocional ou irascível e a apetitiva (do desejo) —, num homem educado e justo serão governadas pela parte racional. Elas correspondem às três classes do Estado. A razão corresponde aos governantes; a parte irascível, aos guardiães auxiliares; o desejo, à classe dos artesãos. A correspondência entre as duas primeiras é simples. Todavia, Sócrates não explica satisfatoriamente a relação entre a moderação do Estado e os desejos da alma.

Comentários

- O Livro IV oferece argumentos polêmicos. Platão pensa o Estado correlatamente à estrutura do ser humano. Sua concepção é psicossocial. Ele faz um paralelismo entre Estado justo e homem justo. Funda a separação de classes, que deve ser entendida dentro do contexto histórico e do caráter utópico da proposta. É um desafio para quem quer entender a idéia de que o Estado possui qualidades que correspondem às humanas, pois parece que a natureza humana se define a partir da essência do Estado, e não o contrário.
- A pergunta "O que é a justiça?" permitiu caracterizá-la no Estado como uma disposição harmoniosa e hierárquica de todas as classes e suas respectivas funções. A justiça no homem pressupõe a harmonia do conjunto das partes governadas pelo racional.
- Como Platão, Freud também fala de ego, superego e id como partes da consciência humana.
- A justiça não se mede apenas pela conduta, mas pela disposição interior da alma. Ser vituoso significa possuir uma mente racional e moralmente governada. Um homem justo nunca se deixa controlar totalmente pelos desejos. É a razão que deve presidir as decisões do Estado e os atos do cidadão.

O rei-filósofo, os guardiães e as mulheres

Resumo do Livro V (449a-480a)

Sócrates, a fim de responder às perguntas de Trasímaco, Glauco e Adimanto, precisa sustentar que para um homem é melhor ser justo do que injusto. A justiça é harmonia interior no Estado e na alma. A injustiça é desarmonia. Mas como é possível haver diferentes perturbações da ordem entre as partes, há vários tipos de injustiça no Estado e no homem. Por exemplo, quando as emoções dirigem a razão, temos um tipo de injustiça. Quando os desejos comandam a razão, encontramos outra espécie de injustiça. Em suma, há uma única espécie de justiça e vários tipos de vícios ou injustiças.

Polemarco e Adimanto querem saber mais sobre a vida nesse Estado ideal: a vida das mulheres e das crianças? Desse modo, Sócrates adia sua exposição para falar sobre as mulheres na classe dos guardiães.

As mulheres são fisicamente mais fracas, mas possuem as mesmas capacidades e competências que os homens. Por isso, devem ser tratadas de modo idêntico, mesmo quando encarregadas de atribuições mais leves. Podem também ser guardiães e governantes. Por conseguinte, a família deverá ser dissolvida. E, para evitar formas imorais de convivência, é preciso delimitar as relações sexuais e tomar providências em relação aos filhos.

Sócrates expõe um plano que possibilite superar as dificuldades dessa situação. O Estado deverá propor, em certas ocasiões, festas nupciais. Nelas será permitido aos homens e às mulheres encontrarem-se para procriar, mas não será consentida a união dos pais em forma de casamento. O objetivo é gerar crianças para a sociedade, portanto os melhores homens unidos às melhores mulheres servirão aos interesses coletivos e não aos próprios. Cabe aos governantes mais velhos organizar essas festas nupciais de modo que homens e mulheres acreditem que uns foram escolhidos pelos outros naturalmente.

Os filhos não poderão conhecer os pais. As crianças serão educadas em comunidade. Ao crescerem, chamar-se-ão de irmãos e de irmãs. E todos os homens e mulheres serão chamados de "pai" e "mãe".

Glauco e seus companheiros mostram-se surpresos diante desses planos. Têm dúvidas sobre a viabilidade da proposta e não sabem como pode ser concretizada pelos governantes. Sócrates responde que o plano assegura a estabilidade do Estado, pois, sem as famílias, desaparecem as invejas e os deveres familiares. Não haverá disputas em torno de expressões como "meu" ou "teu". As propriedades serão comuns e a lealdade a toda a comunidade será garantida. O Estado será uma grande família e os cidadãos se tratarão com amor e como irmãos.

Sócrates lembra a Glauco e ao grupo que o debate consiste em descobrir a natureza da justiça. Não importa saber se o Estado ideal é viável, se pode realmente existir ou se é apenas um sonho. O Estado real é um bom ponto de partida para se argumentar. É possível encontrar Estados semelhantes ao perfeito, jamais iguais. Para Sócrates, o que impede que Estados reais sejam diferentes do ideal é o tipo de governantes.

Sócrates afirma a Glauco que a sociedade descrita se tornará uma realidade, sem os males da humanidade, quando os filósofos se tornarem governantes, quando os reis e os governantes se tornarem verdadeiramente filósofos, quando o poder político e a filosofia estiverem nas mesmas mãos.

Glauco surpreende-se com a resposta de Sócrates, que procura então explicar o que é um filósofo: alguém que ama a sabedoria, o conhecimento, alguém que deseja aprender o máximo. Glauco contesta essa definição de filósofo e demonstra que há pessoas que amam e buscam o conhecimento e, no entanto, não são filósofos. Sócrates reformula o argumento e acrescenta que o filósofo é aquele que ama a verdade.

Sócrates socorre-se através da teoria das idéias. Os que assistem a espetáculos ou apreciam a música em geral reconhecem coisas belas, porém são incapazes de reconhecer a beleza em si. Quem só vê as coisas que participam da beleza vê imagens das coisas reais, não a beleza em si mesma. O homem que vê a beleza em si mesma possui *conhecimento ou ciência*, e aquele que vê as coisas belas possui apenas *opinião*.

É necessário que o conhecimento exista no modo mais puro possível. Se ele não existir realmente, não pode ser conhecido. No caso da beleza, ela deve existir de fato. A opinião acredita que algo exista de certa forma, pois ela não pode ser simplesmente nada. Assim, os objetos da opinião não existem no sentido absoluto, isto é, não possuem a realidade dos objetos do conhecimento. A beleza é um objeto absoluto; já um belo rosto ou um belo som são objetos de opinião. Para o senso comum, podem parecer belos ou feios segundo o ponto de vista.

Do mesmo modo, alguém que compreende a natureza da grandeza possui conhecimento. Em contrapartida, aquele que identifica coisas grandes ou pequenas possui opinião. Mas "grande" e "pequeno" dependem do ponto de vista. Assim, um homem, se comparado a um navio, parecerá pequeno e se comparado a um rato, parecerá grande. Só a beleza e a grandeza em si são reais de modo absoluto e imutável. E só os filósofos entendem que as coisas comuns da vida são apenas imagens transitórias e mutáveis daquilo que é verdadeiramente real.

Comentários

- Platão mostra que o Estado e o homem caracterizam-se pela unidade, que é condição de felicidade e de justiça.
- A parte mais polêmica do Livro V está na afirmação de que o governante precisa ser um filósofo. Platão argumenta tendo como base a chamada teoria das idéias. As idéias ou formas, como a beleza, a grandeza, a justiça, o bem etc., são entidades que existem realmente, de modo absoluto e imutável. (Depois de Platão expor essa teoria em diálogos como o *Fedro* e o *Fédon*, ele a critica no *Parmênides;* nos últimos escritos, não lhe dá tanta importância.)
- Podemos observar coerência no encadeamento dos argumentos, apesar de o gênero diálogo impedir uma exposição sistemática. Não é possível saber o que é a justiça a partir dos exemplos de homens ou de ações justos. O conhecimento da experiência é meramente

opinativo. O verdadeiro conhecimento procura alcançar a idéia de justiça. E, nessa busca, o mais apto é o filósofo, aquele que ama a verdade, o conhecimento como algo que existe em si de modo real e absoluto.

O rei-filósofo, a justiça e o bem

Resumo do Livro VI (484a-551e)

Caracterizada a figura do filósofo, Sócrates demonstra que eles são os únicos capazes de governar, porque conhecem a essência das coisas, a realidade imutável, e ainda são os únicos que guardam as leis e os costumes da cidade, sem se perderem nas aparências das coisas e das opiniões. Os filósofos, por serem amigos do saber, por se dedicarem à totalidade e não às partes, são avessos à mentira, moderados em relação aos prazeres, cultivando na memória o que aprendem com facilidade. São honestos e corretos, e os mais aptos a governar, pois quem governa deve saber o que são a justiça e o bem. Os filósofos sabem ministrar a justiça e lutar a favor do bem e da felicidade da comunidade.

Adimanto concorda que essa argumentação é teoricamente inconstestável, embora difícil de ser posta em prática. Adverte que os filósofos não podem ser bons governantes, uma vez que os governantes conhecidos em toda parte são inúteis à comunidade. Sócrates responde que o problema não está na filosofia, mas na sociedade. Filósofos falsos e corruptos surgem quando o ambiente não é bom e o Estado não respeita o verdadeiro conhecimento e a sabedoria. Numa sociedade assim, o filósofo não pode ser útil.

Sócrates, depois de comparar o Estado a um navio conduzido por um timoneiro e com marinheiros que desejam tomar-lhe o posto, aponta as causas da degeneração da filosofia e explica os motivos que levam as pessoas a considerar os filósofos inúteis. Denuncia então o ensinamento mercenário dos sofistas que, percorrendo as cidades, corrompem os jovens inclinados para o estudo da filosofia. Os sofistas procuram agradar às multidões e, com seus discursos, confundir o belo e o feio, o justo e o injusto, a essência e a aparência. Para eles, o bom é o que a maioria gosta. Nessa inversão dos valores, é natural que os verdadeiros filósofos sejam criticados pelas multidões. Assim, o descrédito da filosofia deve-se aos falsos filósofos, aqueles que trabalham com sofismas, com argumentos enganadores. O filósofo vive no meio das feras, enfrenta dificuldades e, sozinho, não consegue concorrer com os sofistas.

Adimanto concorda com as explicações sobre o descrédito da filosofia. Sócrates afirma que nenhum dos governos atuais é adequado à filosofia e passa a criticar radicalmente a educação e a formação dos filósofos. Não é possível admitir que jovens, adolescentes, pretendam ser considerados filósofos, sem nenhum domínio da dialética, a parte mais difícil e mais importante da filosofia.

A verdadeira educação do filósofo é gradual, começando na infância e envolvendo desde a formação do corpo até a educação afetiva e intelectual. O filósofo, escolhido entre os melhores guardiães, depois da experiência de governar a cidade pode dedicar-se inteiramente à filosofia. Sócrates também aceita que os melhores filósofos são os melhores governantes, embora sejam raros os governantes filósofos. As qualidades de um bom governante e as de um bom filósofo raramente são encontradas numa única pessoa.

Depois de insistir no longo período de formação, Sócrates discorre sobre as ciências mais elevadas, cuja aquisição é imprescindível. Nesse ponto, situa o conhecimento do bem, necessário para praticar a justiça e as demais virtudes relevantes para o indivíduo e para o Estado. Filósofo é aquele que aprende a essência do bem. Entretanto, Sócrates propõe aos interlocutores suspender a investigação do problema da natureza do bem, por ser muito elevado para aquele momento. Afinal, o bem não pode ser definido apenas como conhecimento, nem tampouco como prazer. Se dizer que o bem é conhecimento do bem é cair num círculo, afirmar que consiste em prazer exige que se distinga entre prazeres bons e maus. Sócrates declara-se incapaz de dizer o que é o bem. Trata apenas daquilo que ele chama de o "filho do bem".

Em outros termos, Sócrates ilustra a questão do bem com a comparação entre a vista e o conhecimento. Ele parte da existência de objetos belos e bons, presentes nos discursos, e da existência de uma essência do belo, do bem e de outras realidades. As coisas são vistas, enquanto as essências são pensadas ou conhecidas. A vista não vê apenas por si só as coisas; a luz do sol que permite a efetiva união entre o sentido da visão e as coisas visíveis. O sol é a causa da visão.

O sol, semelhante ao bem, é filho do bem. Assim, o bem é para a alma, para a inteligência das coisas inteligíveis, o mesmo que o sol para as coisas sensíveis. A alma alcança a verdade das essências graças ao bem. O bem é a causa da verdade e da ciência.

Glauco solicita a Sócrates que prossiga na comparação entre o sol e o bem. Todavia, propõe a metáfora da "linha dividida". Se imaginarmos uma linha vertical cortada em duas partes desiguais, a maior referindo-se aos objetos inteligíveis e a menor, às coisas sensíveis, e se novamente cada parte for dividida segundo a mesma proporção, teremos dois níveis em cada um dos segmentos. Usando os critérios de clareza ou de obscuridade, podemos observar que a parte inferior do segmento que representa as coisas sensíveis é constituída por imagens, isto é, em primeiro lugar, pelas sombras das coisas; em segundo lugar, por seus reflexos na água ou em qualquer outra superfície; e, finalmente, por todos os fenômenos parecidos com esses. No outro segmento, ainda das coisas sensíveis, encontram-se os modelos dessas imagens, isto é, nós mesmos, nossas obras, animais e plantas. Esses dois segmentos da parte inferior representam o mundo sensível.

Já no nível das coisas inteligíveis, objeto da ciência, no primeiro segmento a alma para conhecer, serve-se das coisas como se fossem imagens e procede por hipóteses, em busca de conclusões e não de princípios. No outro nível do segmento, a alma parte das hipóteses, dispensa as imagens e procura os princípios de tudo, servindo-se apenas das idéias.

Para Sócrates, essas realidades que são objetos da ciência só se alcançam pela dialética. A dialética não trabalha com hipóteses. Vai além das hipóteses, quer alcançar o bem, o uno, o princípio de todas as coisas.

Comentários

• A questão central é a do rei-filósofo, mas podemos observar que serve para demonstrar outra questão fundamental: a da natureza da política, do Estado e dos governos.

• Para entender essas passagens da *República*, é preciso considerar que o filósofo, para Platão, não é apenas um intelectual, mas uma pessoa com sabedoria, bondade, moderação, coragem e principalmente justiça.

• O debate sobre a inutilidade da filosofia na sociedade grega atinge em cheio os sofistas. Na perspectiva de Platão, um homem virtuoso, numa sociedade corrupta, é inútil. Um homem bom precisa de um ambiente bom.

• Na parte final do Livro VI, a analogia entre a visão e o conhecimento e a analogia da linha dividida — o sol e o bem, a luz e a verdade, as coisas sensíveis e as idéias ou formas etc. ilustra aspectos fundamentais da filosofia de Platão. Distingue graus de conhecimento e de realidade (ontológica), vida pública e privada, bem como as diferentes classes sociais, dentro de uma concepção metafísica que, a despeito de suas variações, vem dominando a história ocidental até hoje.

A dialética, a educação e o Estado

Resumo do Livro VII (514a-541b)

A alegoria da caverna ilustra a importância da educação do filósofo e discerne os graus do conhecimento: os dois graus que se encontram no nível da opinião (*doxa*) e os dois situados no nível da ciência (*episteme*), estes relacionados aos estados da alma.

Imaginemos, diz Sócrates, pessoas que vivem numa caverna profunda e com uma longa entrada conduzindo à claridade do dia. Os homens nessa caverna são prisioneiros desde crianças, permanecendo acorrentados ao chão e com as cabeças voltadas somente para as paredes do fundo da caverna. Por trás da fileira de prisioneiros, arde uma fogueira situada numa pequena elevação na frente da entrada. Entre a fogueira e os prisioneiros existe um caminho ao longo do qual se ergue um pequeno muro, semelhante aos tapumes usados para a apresentação de teatros de fantoches. Esse caminho é percorrido por pessoas que falam entre si, carregando sobre a cabeça estatuetas de todo tipo: figuras humanas e animais, feitas de pedra, madeira ou outros materiais. Os prisioneiros vêem as sombras dessas pessoas projetadas pela luz da fogueira na parede à sua frente e ouvem o eco das vozes. Como não podem voltar a cabeça para outras realidades, pensam que as sombras são as próprias coisas, a realidade mesma. Nada sabem a respeito da luz da fogueira, do caminho por onde passam as pessoas que carregam os objetos. Enfim, confundem as sombras com a realidade.

Imagine agora, diz Sócrates, o que aconteceria se os prisioneiros ou habitantes dessa caverna fossem libertados das correntes e curados da ignorância. Se um deles pudesse olhar para trás, para a luz, teria a visão ofuscada e não conseguiria enxergar os objetos dos quais só tinha visto a sombra. Assustado seu corpo sentiria dores e seus olhos seriam cegados pela luz. Se lhe dissessem que as coisas que vê agora são mais reais que as sombras, certamente não acreditaria. Preferiria voltar à situação anterior. Mais ainda, se pudesse se arrastar através do longo túnel, alcançar a saída da caverna e ver a luz do sol, ainda mais dolorosa e assustadora seria sua reação. Porém caso se habituasse a contemplar primeiro as estrelas e a lua, depois as sombras refletidas pelo sol nos reflexos das águas e, por fim, ver objetos como as árvores e as montanhas em plena luz do dia, finalmente poderia olhar para o sol e contemplar não as imagens, mas o próprio astro. Entenderia então que é do sol que provém a luz que ilumina as coisas.

Ao viver essa nova realidade, decerto lamentaria a sorte dos seus companheiros presos na caverna. Se fosse levado de volta para lá, desabituado à escuridão, já não reconheceria as sombras, passando a ser considerado um insensato pelos próprios companheiros.

Essa história, Sócrates adverte Glauco, é uma comparação entre a subida ao mundo superior, e a visão do que lá existe, e o caminho da alma em sua ascensão ao mundo inteligível. A caverna representa o domínio da opinião. O sol representa o bem. A passagem da opinião, das crenças e das imagens para a essência do bem é certamente sofrida. Além disso, quem alcança o bem é visto como um insensato pela opinião pública.

Essas observações permitem a Glauco entender o mal-estar dos filósofos na vida pública. Revelam também por que a educação adequada ao rei-filósofo do Estado ideal é semelhante à libertação do prisioneiro da caverna. De modo similar, compete ao rei-filósofo persuadir os habitantes da cidade, do Estado, a empreender a subida em direção ao bem. É próprio de sua missão voltar à caverna e libertar os prisioneiros das amarras da ignorância.

Sócrates passa a explicar a Glauco o processo pelo qual são formados os filósofos. O governante não pode ser um mero intelectual; deve ser homem de caráter bom para a comunidade, não apenas para si. O importante não é a felicidade do governante, mas a do povo. Seria mais fácil ao rei-filósofo contemplar o bem. No entanto, ele precisa envolver-se com as tarefas da política.

Na formação dos guardiães, dentre todas as artes necessárias ao funcionamento do Estado destacam-se a ginástica e a música, que são a base para a formação corporal. Por outro lado, o guardião e o filósofo precisam da ciência dos números e do cálculo, úteis especialmente à arte da guerra. Assim, embora nos permitam observar dados e sensações, nossos sentidos não são capazes de distingui-los entre si. Para eles, a grandeza e a pequenez, a dureza e a maciez estão misturadas. Só o entendimento distingue tais formas.

Aritmética, geometria, estereometria, astronomia e harmonia ajudam a aprendizagem do raciocínio, fazendo parte do plano de estudos do filósofo. Porém, único método que destrói todas as hipóteses para alcançar o princípio da realidade, só a dialética leva ao conhecimento da essência das coisas. A geometria, por exemplo, comparada à dialética, não passa de uma imagem, pois tem de supor todo gênero de coisas e justificar as hipóteses. Ela discute ou supõe as propriedades de um círculo, mas não sabe o que é um círculo. No raciocínio matemático interessa apenas que o círculo tenha função, funcione. Ele, no entanto, só mostra sua essência na idéia da circularidade. A dialética só cessa de investigar ao encontrar a verdadeira definição.

A dialética é a verdadeira ciência, estando acima do entendimento da matemática e acima das crenças e das imagens. Logo, dialético é apenas aquele que capta a essência das coisas, que conhece a natureza do bem. Os dialéticos deverão ser escolhidos entre os cidadãos mais firmes e corajosos, entre os que possuem agudeza intelectual, facilidade de aprender, boa memória, disposição e empenho físico e mental.

O programa de estudos para a educação dos governantes filósofos divide-se em etapas. Na primeira, as crianças e os jovens até 18 anos estudarão literatura e música e terão rudimentos de matemática e da arte da guerra. Na segunda, os melhores serão selecionados para o treinamento físico e militar, durante um período de dois ou três anos. Na terceira etapa, os jovens que tiverem 20 anos de idade, os melhores, depois de selecionados, aprofundarão os conhecimentos de matemática. Os demais se dedicarão à formação militar própria dos guardiães. Na quarta, os que tiverem 30 anos, escolhidos entre os melhores, estudarão dialética por um período de cinco anos. Na quinta, os melhores com 35 anos de idade, com experiência para governar, se tornarão filósofos. Mas só numa sexta etapa, aos 50 anos de idade, os governantes-filósofos estarão completamente formados, podendo dedicar-se inteiramente à contemplação filosófica, assim como ocupar os cargos públicos mais altos como dirigentes de Estado. Nesse estágio conhecerão o que é melhor para a comunidade. Só quem conhece o bem possui a garantia de fazer o melhor para os outros.

Comentários

- A alegoria da caverna mostra os graus de realidade e de conhecimento, a diferença entre o mundo do visível e do invisível. O mundo visível é o do conhecimento opinativo, fundando-se nas crenças e nas imagens das coisas. O mundo invisível compõe-se dos objetos matemáticos e das essências das coisas, das idéias e do princípio do bem. Há uma hierarquia entre os objetos matemáticos, as idéias e o bem. Em decorrência, raciocinar matematicamente não é a mesma coisa que alcançar intuitivamente as essências e o princípio do bem.
- O bem atribui uma dimensão moral aos graus de realidade e aos modos de conhecer. Quem confunde o ser com o parecer não sabe o que é melhor para a comunidade.
- No Livro VII, revelam-se a importância e algumas características da dialética platônica. Platão faz uso de diversos processos dialéticos em seus diálogos, portanto saber o que é a dialética platônica requer uma leitura ampla de sua obra.

O governo e os tipos humanos

Resumo do Livro VIII (543a-569c)

No debate sobre as formas de governo e os tipos humanos correspondentes, Sócrates retorna à tese de Trasímaco de que é mais fácil viver uma vida injusta do que justa.

Glauco recorda que Sócrates havia afirmado que as formas de governo eram cinco, uma perfeita e quatro defeituosas. À forma perfeita, a aristocrática, corresponde o Estado justo, e às demais — timocrática, oligárquica, democrática e tirânica — a sociedade injusta.

A aristocracia é a forma descrita e apresentada ao longo dos debates como a cidade ou o Estado governado pelos melhores. Das formas injustas, a timocracia é aquela que mais está próxima do Estado ideal; depois, em ordem, aparecem a oligarquia, a democracia e a tirania. Sócrates mostra como essas formas se originam umas das outras e como correspondem a determinados tipos de pessoa. Elas mudam a partir de condições surgidas dentro de cada uma delas. Assim, a causa da passagem da aristocracia para a timocracia reside na transgressão das normas de reprodução dos guardiães. O desrespeito pelo ciclo de fertilidade e a mistura das raças enfraquecem a prole, provocam desarmonia nas classes, e o resultado é a guerra, o ódio, as ambições, a violência. O mesmo vale para o desequilíbrio entre os exercícios da ginástica e da formação musical. As misturas entre o bem e o mal refletem-se nas formas de governo.

A timocracia tem na honra e na ambição suas qualidades mais altas. A competição entre si induz os ambiciosos a procurarem riqueza e bens materiais privados. A honra e a ambição substituem a sabedoria e a razão. A coragem toma o lugar da sabedoria, e os auxiliares tornam-se chefes, perturbando a harmonia do Estado. O homem timocrático valoriza o exercício físico, a caça, a coragem, a ambição e dará muito mais importância aos feitos militares do que aos intelectuais. Tende, igualmente, a buscar a riqueza na juventude e a avareza na velhice.

A oligarquia, explica Sócrates, é o Estado que supervaloriza a riqueza e o poder dos ricos. Os governantes timocráticos, ao buscarem dinheiro e bens em excesso, substituem a honra pela riqueza, transformando, desse modo, a timocracia em oligarquia. Nesse tipo de governo, os chefes são escolhidos por sua riqueza, disso resultando uma sociedade dividida entre a classe rica e a classe pobre. O Estado não conta mais com a harmonia necessária. Assim, o homem oligárquico provém do homem timocrático. Por exemplo, imagine-se um general derrotado na guerra, que ao voltar para casa é exilado e privado de seus bens e direitos. Seu filho, amargurado com a situação de desgraça do pai, trabalhará duramente e já não se interessará pelas qualidades da honra e da coragem. Irá dedicar-se exclusivamente a enriquecer e dominar os desejos com a finalidade de não perder seus bens. Essa respeitabilidade superficial, fundada mais no medo que na moralidade, forma homens dominados pelo desejo de riqueza e não pelas normas da razão.

A democracia é uma degeneração do homem oligárquico. Os homens ricos exploram os pobres através de taxas de juros elevadas e de outras maneiras. Os pobres revoltados eliminam seus opressores. De direitos iguais para todos nasce a democracia. Nela cada um é livre para pensar e agir e para participar da vida pública. Como ninguém é convocado a combater nas guerras, em tempo de paz surgem as guerras privadas. Ninguém é obrigado a possuir o requisito da educação para participar na política. O líder precisa apenas aparentar ser amigo do povo. Como conseqüência, nasce a anarquia. O homem democrático, originário do homem oligárquico, não é educado de modo desejável, pois só respeita o dinheiro. Cede aos maus desejos e à vida de prazeres. Faz o que quer, vive o momento, um dia com vinho e mulheres, outro a pão e água, um dia na atividade comercial, outro na função política. Aparentemente versátil, segue sem ordem ou orientação.

A tirania é a forma degenerada da democracia. A ausência de autoridade, o roubo generalizado, as conspirações de grupos, a manipulação do povo são algumas condições que preparam o governo tirânico. O líder popular inicialmente faz tudo o que o povo deseja, depois tudo o que ele próprio quer. Com o passar do tempo, escolherá guarda-costas particulares e até mesmo um exército para si. Nos primeiros tempos do governo, fará promessas, distribuirá dinheiro, mas, com o surgimento das dificuldades criadas, ele aumentará os impostos e começará a desconfiar dos homens mais inteligentes e corajosos. Finalmente, cometerá crimes, e não terá outra saída a não ser oprimir os cidadãos que o conduziram ao poder. A tirania torna-se, desse modo, a pior forma de governo, e o homem tirânico um ser atormentado, descontrolado, apaixonado. Nada na vida o satisfaz. Tratará com desconfiança a todos, até seus pais e a própria família. Sem amigos, sem ninguém, sua vida é a mais infeliz possível.

Comentários

- Para Platão as formas degeneradas de governo são modelos de Estados injustos e de homens injustos. Mais do que os aspectos jurídicos, interessa a ele o estudo do caráter do governante e da psicologia ou do comportamento moral de cada sociedade. O Estado ideal, em que se realiza plenamente a justiça, funda-se num programa de educação adequada, exigindo harmonia e estabilidade entre os cidadãos e o governo.
- Platão descreve as transformações de uma forma de governo em outra, sublinhando a importância da educação e da moralidade.
- Platão, de fato, está criticando duramente os governos de sua época (vale ressaltar que a leitura de um texto antigo requer cuidados especiais). Platão exige que os governantes tenham boa formação ética e intelectual. Para ser governante não basta ser militar, rico, ou popular.
- O homem tirânico é o pior e mais injusto dos homens e, portanto, o mais infeliz. No Livro IX, essa questão é examinada de modo conclusivo.

O homem tirânico e a vida infeliz

Resumo do Livro IX (571a-592b)

Sócrates passa a analisar como o homem tirânico nasce do homem democrático, qual é seu caráter, que espécie de vida leva, se desgraçada ou feliz. Seu objetivo é, lembremos, mostrar que a vida do homem justo é melhor e mais feliz que a do homem injusto.

O supra-sumo da injustiça, diz Sócrates, é parecer justo sem sê-lo. Numa sociedade tirânica todos são escravos. O tirano, na realidade, é escravo de si mesmo. Sua razão, emoção e desejos são dominados pela cobiça, pelos impulsos animais, por um monstro interior. Só o homem justo, autônomo, guiado pela razão e pela verdade, sabe lidar com suas emoções e controlar seus desejos e, por isso, é mais feliz que o injusto.

Às partes ou funções da alma — razão, irascibilidade e desejo — correspondem três espécies fundamentais de homens. A primeira, controlada pela razão, busca o conhecimento verdadeiro. A segunda, dominada emocionalmente pelo irascível, depende de honras e de sucesso. A terceira, comandada pelo desejo, entrega-se à satisfação pessoal. O primeiro tipo é o homem justo ou aristocrático, o segundo é o timocrático e o terceiro, uma combinação de homem oligárquico, democrático e tirânico. Desses tipos, o primeiro, sem dúvida, é o mais feliz, uma vez que os prazeres da razão são mais elevados e verdadeiros que os demais, inclusive os sensíveis.

Sócrates argumenta que os prazeres do homem justo são reais, enquanto os outros são ilusórios, aparentes e desagradáveis, uma vez que se misturam à dor e à inquietação. Os prazeres corporais da comida e da bebida são desse gênero. Só a satisfação do conhecimento é agradável em si mesma. O próprio objeto do conhecimento é real, enquanto o objeto das satisfações pessoais dos desejos e das emoções é irreal ou simplesmente imaginado. Portanto, o homem justo, que busca o conhecimento real, é mais feliz. (Sócrates afirma que ele é 729 vezes mais feliz que o homem tirânico, o mais injusto de todos os homens.)

Respondendo finalmente à objeção de Trasímaco, Sócrates diz que o homem bom e justo é infinitamente superior — em prazer, beleza, decência e virtude — ao homem injusto. Portanto, a injustiça não é vantajosa. O tirano tem a forma de um monstro. É semelhante às figuras mitológicas da Quimera (figura com cabeça de leão, corpo de cabra e cauda de serpente), da Cila (que tem voz de cadela, doze pés disformes, três filas de dentes) e do Cérbero (cão de cinqüenta cabeças, conforme Hesíodo, ou simplesmente três). O homem tirânico e injusto depende do poder bestial.

Comentários

- Platão, no Livro IX, responde às objeções de Trasímaco, Glauco e Adimanto apresentadas em passagens anteriores. Defende a tese de que a vida do homem justo é melhor que a do injusto. O homem honesto, após a morte, terá recompensas.
- Essas descrições refletem as experiências políticas de Platão. Entretanto, basta observarmos na história as formas de totalitarismo, a Inquisição, o nazismo, o

fascismo ou personalidades como Nero, Napoleão, Hitler, para percebermos que a descrição platônica do tirano, homem destituído de racionalidade e portador de desequilíbrio mental, continua atual. Talvez Platão faça uma caricatura do homem tirânico, mas não se pode negar sua contribuição à psicologia do tirano e das massas que o sustentam.

• O tirano é dominado pelo excesso de paixão, por apetites selvagens, por instintos eróticos. Podemos nos indagar se Platão, de fato, estava descrevendo as bases de uma filosofia do mal ou simplesmente uma figura amoral ou imoral. Basta pensarmos nas lições de Maquiavel no *Príncipe* para percebermos a complexidade da questão.

• As analogias entre as partes da alma, as formas de governo e os tipos humanos nem sempre são coerentes nos Livros VIII e IX. Outra objeção é que faltam à classificação platônica os tipos intermediários. Pode-se ainda acrescentar que a concupiscência (*eros*) é apresentada, no Livro IX, ao contrário do que ocorre no diálogo *Banquete*, de forma totalmente negativa.

As artes, o Estado e a imortalidade

Resumo do Livro X (595a-621d)

Sócrates, no início do Livro X, depois de ter esboçado as bases de um Estado ideal, precisa proibir nessa sociedade todo tipo de arte imitativa.

Ele mostra que existe uma única idéia para diferentes coisas. Assim, todas as camas ou mesas existentes são designadas por uma única idéia de cama ou mesa. Os artesãos fabricam esses objetos como se estivessem contemplando a idéia absoluta deles. Já o pintor cria uma cama ou mesa imitando esses objetos produzidos. Assim os móveis de um quadro deixam de ser reais, passando a ser cópias de uma representação. Desse modo, o artista está duplamente distante das idéias que constituem a verdadeira realidade. Os poetas, dramaturgos e pintores afastam-se da realidade com suas obras e, portanto, da verdade, da moralidade e da religião. Também estão duplamente distantes da forma natural feita por Deus e do objeto fabricado pelo artesão. O que eles criam é cópia de cópia, imitação de imitação. Logo, a arte de imitar não pode ser admitida no Estado ideal.

É a partir desses argumentos que Sócrates julga Homero e todos os poetas. Por serem meros imitadores, criadores de ilusões, não devem ser modelos na educação das crianças e dos jovens. A obra de arte apela para os elementos inferiores da alma, e não para a razão. A poesia e a arte em geral podem causar dano às pessoas honestas. Sócrates, embora reconheça a impotância histórica e literária de Homero, afirma que só é possível admitir no Estado ideal a poesia que elogia os deuses e os homens virtuosos.

As artes têm efeito moral corruptor porque arrebatam emocionalmente os assistentes. E, quanto mais o espectador se deixar afetar, pior será o efeito sobre seu caráter. Deve-se renunciar à arte, com exceção dos hinos aos deuses e dos louvores aos homens bons.

Depois de censurar a arte, Sócrates, nas páginas finais da *República*, descreve os prêmios com que serão recompensados, após a morte, todos os homens de vida justa e virtuosa. Diante das dúvidas de Glauco, ele afirma a imortalidade da alma: o corpo humano é destruído pela doença, o metal pela ferrugem e a madeira pela podridão (cada coisa pelo seu mal particular), a alma não pode ser destruída por nenhum mal, nem sequer pela injustiça. Uma alma injusta deveria sofrer as conseqüências de sua maldade; porém, como é imortal, não pode ser destruída.

A vida justa é melhor que a vida injusta, independente da existência de castigos ou prêmios. Como os deuses sabem e vêem tudo, serão capazes de recompensar os justos na outra vida.

Para concluir, Sócrates narra o mito de Er: o soldado Er havia morrido em combate. Dez dias mais tarde, como seu corpo ainda estava intacto, foi colocado numa pira para ser queimado. De repente, voltou à vida e descreveu sua experiência no além. Sua alma, depois de ter deixado o corpo, juntara-se a outras almas e emprendera uma viagem para um lugar maravilhoso onde havia duas aberturas na terra e duas aberturas no céu. Entre elas estavam sentados juízes que julgavam as almas que chegavam à sua presença. Er aproximou-se, mas não foi julgado. Disseramlhe para observar tudo porque seria o mensageiro das coisas do além junto aos homens. Assistiu então ao julgamento das almas. As justas eram enviadas para a abertura superior, no céu, e as injustas para a abertura inferior à esquerda, na terra.

Quanto às duas outras aberturas, Er observou a chegada das almas: de uma das duas aberturas subiam as almas da terra que se apresentavam sujas e cansadas, e da outra as almas do céu limpas e radiantes. Ao passar por Er, cada uma contava suas experiências. As do céu falavam da felicidade, de sua vida justa e de visões de beleza indescritível. As da terra, gemendo e chorando, relatavam experiências negativas. Aquelas que haviam cometido injustiças e prejudicado outras pessoas cumpriam uma pena dez vezes maior. Como a duração da vida humana é de cem anos, tinham de viajar sob a terra por mil anos a fim de pagar por suas injustiças. As almas dos assassinos ou tiranos recebiam punição ainda dez vezes mais severa.

As almas do céu e da terra, depois de permanecerem sete anos junto à abertura com Er, no oitavo deveriam partir para chegar, após uma viagem de quatro dias, a um lugar onde se podia ver uma coluna de luz, mais bela que o arco-íris, que atravessava o céu e a terra. Dela desciam correntes que sustentavam a terra. Dos confins do céu descia o fuso da Necessidade, de onde parte todo o movimento celeste. Er descreveu a rotação dos oito círculos. Ao chegarem, as almas receberam das Parcas uma nova vida mortal, cada uma delas assumindo a responsabilidade de escolher a vida futura. Algumas escolheram uma nova vida com prudência, outras com insensatez. A escolha era feita, na maioria das vezes, de acordo com a vida precedente. Na realidade, a primeira alma, egoísta e ambiciosa, optou pela vida de um tirano, ignorando o sofrimento que causaria a si própria. Outras preferiam ser animais. Orfeu, por exemplo, para não ter de nascer de uma mulher, quis ser cisne. Ajax escolheu ser leão e Agamenon, águia. Já Ulisses, curado por seus sofrimentos anteriores causados pela ambição, escolheu a vida tranqüila de um cidadão simples.

Após as almas terem obrigatoriamente escolhido suas novas vidas, beberam do rio do Esquecimento (*Lethe*) para não se lembrarem do além. Er foi poupado dessa exigência. Finalmente, um grande estrondo: um terremoto despertou as almas e elas partiram para nascerem novamente. Nesse exato momento, sem saber como havia retornado ao corpo, Er despertou deitado na pira.

Comentários

- A condenação das artes no Estado ideal é coerente com as concepções de Platão, que pretende diminuir a importância que os gregos davam a Homero como educador da pátria. Para ele, Homero e os demais poetas não poderiam ser fontes da educação moral.
- Platão afirma que a alma é imortal também em outros diálogos, como o *Fedro*, o *Fédon* e as *Leis*. Nesse sentido, Platão parece ter sido influenciado pelos pitagóricos.
- Platão conclui a *República* com o mito de Er. Observa-se nele que, após a morte, a justiça é recompensada e a injustiça, condenada. Para Platão, ser bom ou mau depende da escolha de cada um. Fica, porém, uma pergunta: como alguém pode escolher uma vida injusta e infeliz antes de saber que a vida injusta é infeliz?

Seleção de textos da *República*

A alegoria da caverna

SÓCRATES: Agora, imagina a nossa natureza, segundo o grau de educação que ela recebeu ou não, de acordo com o quadro que vou fazer. Imagina, pois, homens que vivem em uma espécie de morada subterrânea em forma de caverna. A entrada se abre para a luz, em toda a largura da fachada. Os homens estão no interior desde a infância, acorrentados pelas pernas e pelo pescoço, de modo que não podem mudar de lugar nem voltar a cabeça para ver algo que não esteja diante deles. A luz lhe vem de um fogo que queima por trás deles, ao longe, no alto. Entre os prisioneiros e o fogo, há um caminho que sobe. Imagina que esse caminho é cortado por um pequeno muro, semelhante ao tapume que os exibidores de marionetes dispõem entre eles e o público, acima do qual manobram as marionetes e apresentam o espetáculo.

GLAUCO: Entendo.

SÓCRATES: Então, ao longo desse pequeno muro, imagina homens que carregam todo tipo de objetos fabricados, ultrapassando a altura do muro, estátuas de homens, figuras de animais, de pedra, madeira ou qualquer outro material.

Provavelmente entre os carregadores que desfilam ao longo do muro, alguns falam, outros se calam.

GLAUCO: Estranhas descrições e estranhos prisioneiros.

SÓCRATES: Eles são semelhantes a nós. Primeiro, pensas que, na situação deles, eles tenham visto algo mais do que as sombras de si mesmos e dos vizinhos, que o fogo projeta na parede da caverna à sua frente?

GLAUCO: Como isso seria possível, se durante toda a vida eles estão condenados a ficar com a cabeça imóvel?

SÓCRATES: Não acontece o mesmo com os objetos que desfilam?

GLAUCO: É claro.

SÓCRATES: Então, se eles pudessem conversar, não achas que, nomeando as sombras que vêem, pensariam nomear seres reais?

GLAUCO: Evidentemente.

SÓCRATES: E se, além disso, houvesse um eco vindo da parede diante deles, quando um dos que passam ao longo do pequeno muro falasse, não achas que eles tomariam essa voz pela da sombra que desfila à sua frente?

GLAUCO: Sim, por Zeus.

SÓCRATES: Assim sendo, os homens que estão nessas condições não poderiam considerar nada como verdadeiro, a não ser as sombras dos objetos fabricados.

GLAUCO: Não poderia ser de outra forma.

SÓCRATES: Vê agora o que aconteceria se eles fossem libertados de suas correntes e curados de sua desrazão. Tudo não aconteceria naturalmente como vou dizer? Se um desses homens fosse solto, forçado subitamente a levantar-se, a virar a cabeça, a andar, a olhar para o lado da luz, todos esses movimentos o fariam sofrer; ele ficaria ofuscado e não poderia distinguir os objetos, dos quais via apenas as sombras, anteriormente. Na tua opinião, o que ele poderia responder se lhe dissessem que, antes, ele só via coisas sem consistência, que agora ele está mais perto da realidade, voltado para objetos mais reais, e que ele está vendo melhor? O que ele responderia se lhe designassem cada um dos objetos que desfilam, obrigando-o, com perguntas, a dizer o que são? Não pensais que ele ficaria embaraçado e que as sombras que ele via antes lhe pareceriam mais verdadeiras do que os objetos que lhe mostram agora?

GLAUCO: Certamente, elas lhe pareceriam mais verdadeiras.

SÓCRATES: E se o forçassem a olhar para a própria luz, não pensas que os olhos lhe doeriam, que ele viraria as costas e voltaria para as coisas que pode olhar e que as consideraria verdadeiramente mais nítidas do que as coisas que lhe mostram?

GLAUCO: Sem dúvida alguma.

SÓCRATES: E se o tirassem de lá à força, se o fizessem subir o íngreme caminho montanhoso, se não o largassem até arrastá-lo para a luz do sol, ele não sofreria e não se irritaria ao ser assim empurrado para fora? E, chegando à luz, com os olhos ofuscados pelo seu brilho, não seria capaz de ver nenhum desses objetos, que nós afirmamos agora serem verdadeiros.

GLAUCO: Ele não poderá vê-los, pelo menos nos primeiros momentos.

SÓCRATES: É preciso que ele se habitue, para que possa ver as coisas do alto. Primeiro, ele distinguirá mais facilmente as sombras, depois, as imagens dos homens e dos outros objetos refletidas na água, depois os próprios objetos. Em segundo lugar, durante a noite, ele poderá contemplar as constelações e o próprio céu, e voltar o olhar para a luz dos astros e da lua, mais facilmente que durante o dia para o sol e para a luz do sol.

GLAUCO: Sem dúvida.

SÓCRATES: Finalmente, ele poderá contemplar o sol, não o seu reflexo nas águas ou em outra superfície lisa, mas o próprio sol, no lugar do sol, o sol tal como ele é.

GLAUCO: Certamente.

SÓCRATES: Depois disso, ele poderá raciocinar a respeito do sol, concluir que é ele que produz as estações e os anos, que ele governa tudo no mundo visível, e que ele é, de algum modo, a causa de tudo o que ele e seus companheiros viam na caverna.

GLAUCO: É indubitável que ele chegará a essa conclusão.

SÓCRATES: Nesse momento, se ele se lembrar de sua primeira morada, da ciência que ali se possuía e de seus antigos companheiros, não achas que ele ficaria feliz com a mudança e teria pena deles?

GLAUCO: Claro que sim.

SÓCRATES: Quanto às honras e louvores que eles se atribuíam mutuamente outrora, quanto às recompensas concedidas àquele que fosse dotado de uma visão mais aguda para discernir a passagem das sombras na parede e de uma memória mais fiel para se lembrar com exatidão daquelas que precedem certas outras ou que lhes sucedem, as que vêm juntas, e que, por isso mesmo, era o mais hábil para conjecturar a que viria depois, achas que nosso homem teria inveja dele, que as honras e a confiança assim adquiridas entre os companheiros lhe dariam inveja? Ele não pensaria, antes, como o herói de Homero, que mais vale "viver como escravo de um lavrador" e suportar qualquer provação do que voltar à visão ilusória da caverna e viver como se vive lá?

GLAUCO: Concordo contigo. Ele aceitaria qualquer provação para não viver como se vive lá.

SÓCRATES: Reflete ainda nisto: supõe que esse homem volte à caverna e retome o seu antigo lugar. Desta vez, não seria pelas trevas que ele teria os olhos ofuscados, ao vir diretamente do sol?

GLAUCO: Naturalmente.

SÓCRATES: E se ele tivesse que emitir um novo juízo sobre as sombras e entrar em competição com os prisioneiros que continuaram acorrentados, enquanto sua vista ainda está confusa, quando seus olhos ainda não se recompuseram, enquanto lhe deram um tempo curto demais para acostumar-se com a escuridão, ele não ficaria ridículo? Os prisioneiros não diriam que, depois de ter ido até o alto, voltou com a vista perdida, que não vale a pena subir até lá? E se alguém tentar retirar os seus laços, fazê-los subir, acreditas que, se pudessem agarrá-lo e executá-lo, não o matariam?

GLAUCO: Sem dúvida alguma, eles o matariam.

SÓCRATES: E agora, meu caro Glauco, é preciso aplicar exatamente essa alegoria ao que dissemos anteriormente. Devemos assimilar o mundo que apreendemos pela vista à estada na prisão, a luz do fogo que ilumina a caverna à ação do sol. Quanto à subida e à contemplação do que há no alto, considera que se trata da ascensão da alma até o lugar inteligível, e não te enganarás sobre minha esperança, já que desejas conhecê-la. Deus sabe se há alguma possibilidade de que ela seja fundada sobre a verdade. Em todo caso, eis o que me aparece, tal como me aparece; nos últimos limites do mundo inteligível, aparece-me a idéia do Bem, que se percebe com dificuldade, mas que não se pode ver sem concluir que ela é a causa de tudo o que há de reto e de belo. No mundo visível, ela gera a luz e o senhor da luz, no mundo inteligível ela própria é a soberana que dispensa a verdade e a inteligência. Acrescento que é preciso vê-la se se quer comportar-se com sabedoria, seja na vida privada, seja na vida pública.

GLAUCO: Tanto quanto sou capaz de compreender-te, concordo contigo.

(514a-521a, b)

— Enquanto não forem ou os filósofos reis nas cidades, ou os que agora se chamam reis ou soberanos filósofos genuínos e capazes, e se dê esta união do poder político com a filosofia, enquanto as numerosas naturezas que atualmente seguem um desses caminhos com exclusão do outro não forem impedidas forçosamente de o fazer, não haverá tréguas dos males, meu caro Glauco, para as cidades, nem sequer, julgo eu, para o gênero humano, nem antes disso será jamais possível e verá a luz do sol a cidade que há pouco descrevemos ...

(473d, e)

— Na verdade, a justiça era qualquer coisa neste gênero, ao que parece, exceto que não diz respeito à atividade externa do homem, mas à interna, àquilo que é verdadeiramente ele e o que lhe pertence, sem consentir que qualquer das partes da alma se dedique a tarefas alheias nem que interfiram umas nas outras, mas depois de ter posto a sua casa em ordem no verdadeiro sentido, de ter autodomínio, de se organizar, de se tornar amigo de si mesmo, de ter unido harmoniosamente três elementos diferentes, exatamente como se fossem três termos numa proporção musical, o mais baixo, o mais alto e o intermediário, e outros quaisquer que existam de permeio, e de os ligar a todos, tornando-os, de muitos que eram, numa perfeita unidade, temperante e harmoniosa — só então se ocupe (se é que se ocupa) ou da aquisição da riqueza, ou dos cuidados com o corpo, ou da política ou de contratos particulares, entendendo em todos esses casos e chamando justa e bela à ação que mantenha e aperfeiçoe esses hábitos, e apelidando de sabedoria a ciência que preside a esta ação; ao passo que denominará de injusta a ação que os dissolve a cada passo, e ignorância a opinião que a ela preside.

(443d-444a)

— A liberdade em excesso, portanto, não conduz a mais nada que não seja a escravidão em excesso, quer para o indivíduo, quer para o Estado.

— É possível, realmente.

— É natural, portanto, que a tirania não se estabeleça a partir de nenhuma outra forma de governo que não seja a democracia, e, julgo eu, que do cúmulo da liberdade é que surge a mais completa e mais selvagem das escravidões.

(564a, b)

Referências e fontes

- Usei as traduções da *República* de Carlos Alberto Nunes (Belém, UFPA, 1988) e de Maria Helena da Rocha Pereira (Lisboa, Fundação Calouste Gulbenkian, s/d.). Os textos reproduzidos na seção anterior foram retirados desta última, à exceção da "Alegoria da caverna", cuja tradução é de Lucy Magalhães em Abel Jeannière, *Platão* (Rio de Janeiro, Jorge Zahar, 1995).

- Acerca da formação de Platão (p.3-4), ver *Leis*, X, 887d-e.

- A citação da *Carta sétima* (p.10) corresponde ao trecho 324b-325a.

- Algumas informações sobre a vida e a obra de Platão e a citação da *Carta sétima* (p.11) encontram-se em Abel Jeannière, *Platão*, mencionado acima.

- A opinião de Platão sobre Sócrates como tribuno popular (p.14) é encontrada em *Górgias*, 484d.

- A citação do início da *República* (p.17), 327a, é da tradução do livro de Nickolas Pappas, *A República de Platão* (Lisboa, Edições 70, s/d, p.32).

- As idéias de Mario Vegetti (p.17) encontram-se na sua obra *Guida alla lettura della Repubblica di Platone* (Roma-Bari, Laterza, 1999, p.13).

Leituras recomendadas

• Com relação a traduções da *República* para o português, além das mencionadas na seção anterior, temos ainda a de Eurico Corvisieri (São Paulo, Best Seller, 2002) e a adaptação de Marcelo Perine (São Paulo, Scipione, 2001).

• Temos poucos comentários da obra em língua portuguesa. Podemos mencionar de Nickolas Pappas, *A República de Platão* (Lisboa, Edições 70, s/d. Temos ainda um livro polêmico de Karl Popper, *A sociedade aberta e seus inimigos*, vol. I (Belo Horizonte/ São Paulo, Itatiaia/Edusp, 1974). É bastante conhecida a obra de Werner Jaeger, *Paidéia: A formação do homem grego* (São Paulo, Herder, s/d). A segunda parte do livro de Alexandre Koyré, *Introdução à leitura de Platão* (Lisboa, Presença, s/d) aborda a política de Platão. Para uma visão abrangente do pensamento desse filósofo, dentro da perspectiva teórica da "doutrina não-escrita", encontramos de Giovanni Reale, *Para uma nova interpretação de Platão* (São Paulo, Loyola, 1997) e o volume *Platão*, de Abel Jeannière (Rio de Janeiro, Jorge Zahar, 1995).

• Podemos citar, em inglês, a obra de Julia Annas, *An Introduction to Plato's 'Republic'* (Oxford, Oxford UP, 1981) e, ainda, de C.D.C. Reeve, *Philosophers-Kings. The Argument of Plato's 'Republic'* (Princeton, Princeton UP, 1988). Em francês, a tradução de Émile Chambry, *La République* (Platão, *Oeuvres*, VI, Paris, Les Belles Lettres, 1932-34; introd. Auguste Diès). E, em italiano, a obra de Margherita Isnardi Parente, *Il pensiero politico di Platone* (Roma-Bari, Laterza, 1996) e a de Mário Vegetti mencionada na seção anterior.

Sobre o autor

Jayme Paviani, nascido em Flores da Cunha, no Rio Grande do Sul, em 1940, cursou licenciatura em filosofia e bacharelado em ciências jurídicas. É mestre e doutor em letras, pela Pontifícia Universidade Católica do Rio Grande do Sul (PUCRS). Fez estudos de pós-doutorado na Universidade de Padova sobre a dialética de Platão e de Aristóteles (2000). Atualmente é professor nos departamentos de filosofia da PUCRS e da Universidade de Caxias do Sul (UCS), onde atua nas áreas de teoria do conhecimento, epistemologia e estética. Dentre seus livros, destacam-se: *Escrita e linguagem em Platão* (1992); *Filosofia e método em Platão* (2001); *Estética mínima* (1996); *Formas do dizer: questões de método, conhecimento e linguagem* (1998), todos publicados pela EDIPUCRS. É também poeta, tendo publicado o volume *As palavras e os dias* (Educs, 2002), reunindo seis livros de poemas.

Coleção **PASSO-A-PASSO**

Volumes recentes:

CIÊNCIAS SOCIAIS PASSO-A-PASSO

O negócio do social [40], Joana Angélica Barbosa Garcia

Origens da linguagem [41], Bruna Franchetto e Yonne Leite

Antropologia da criança [57], Clarice Cohn

Patrimônio histórico e cultural [66], Pedro Paulo Funari e Sandra de Cássia Araújo Pelegrini

Antropologia e imagem [68], Andréa Barbosa e Edgar T. da Cunha

Antropologia da política [79], Karina Kuschnir

Sociabilidade urbana [80], Heitor Frúgoli Jr.

Pesquisando em arquivos [82], Celso Castro

Cinema, televisão e história [86], Mônica Almeida Kornis

FILOSOFIA PASSO-A-PASSO

Estética [63], Kathrin H. Rosenfield

Filosofia da natureza [67], Márcia Gonçalves

Hume [69], Leonardo S. Porto

Hannah Arendt [73], Adriano Correia

Schelling [74], Leonardo Alves Vieira

Niilismo [77], Rossano Pecoraro

Kierkegaard [78], Jorge Miranda de Almeida e Alvaro L.M. Valls

Filosofia da biologia [81], Karla Chediak

Ontologia [83], Susana de Castro

John Stuart Mill & a liberdade [84], Mauro Cardoso Simões

Filosofia da história [88], Rossano Pecoraro

Teoria do conhecimento [91], Alberto Oliva

PSICANÁLISE PASSO-A-PASSO

Psicanálise com crianças [75], Teresinha Costa

Feminino/masculino [76], Maria Cristina Poli

Cinema, imagem e psicanálise [85], Tania Rivera

Trauma [87], Ana Maria Rudge

Édipo [89], Teresinha Costa

A psicose [90], Andréa M.C. Guerra

A angústia [92], Sonia Leite

Educação e psicanálise [93], Rinaldo Voltolini

Os outros em Lacan [94], Antonio Quinet

A paixão [95], Marcus André Vieira

Histeria: o caso Dora [96], Nadiá Paulo Ferreira e Marcus Alexandre Motta